LA GRANDE IMA

LES ANIMAUX
DE LA CAMPAGNE

TEXTES RAPHAËLLE CHAUVELOT
ILLUSTRATIONS MARIE-CHRISTINE LEMAYEUR ET BERNARD ALUNNI

FLEURUS

LE HÉRISSON

Le hérisson est un mammifère de 25 cm environ, petite boule de piquants à quatre pattes et au nez pointu. Il se nourrit de fruits, d'invertébrés et même de serpents. Au moindre danger, il s'enroule sur lui-même, se faisant ainsi une carapace de ses piquants. Le hérisson vit dans les haies, les champs, les sous-bois et les jardins. Bien camouflé sous un tas de bois ou dans un buisson, il fait son nid avec de l'herbe sèche et des feuilles mortes. Il déménage souvent, partant à la recherche de nourriture, sauf pendant les mois d'hiver durant lesquels il hiberne.

En famille

Quand la nourriture est abondante et le climat suffisamment doux, la femelle peut avoir, entre mai et septembre, deux portées de quatre à sept petits. Après une longue parade nuptiale et l'accouplement, le mâle laisse la femelle installer son nid, mettre bas et éduquer les petits. Au bout de trois semaines, ces derniers sortent et apprennent à se nourrir. Ilsquittent définitivement le nid à six semaines.

Des piquants comme des épées

Un hérisson adulte porte environ 5 000 aiguillons, qui sont des poils durcis de 2 ou 3 cm. À la base de chacun d'eux, un petit muscle permet de le dresser en cas de danger. Le hérisson est alors protégé par une forêt de pointes aiguës, dirigées dans tous les sens. Il se met en boule comme dans un sac. Plus il est en boule, plus ses poils sont hérissés !

Le renard rusé attend patiemment que le hérisson pointe son museau pour se renseigner ou tenter de fuir, et le saisit alors aux flancs.

Un nid douillet pour hiberner

À l'automne, les hérissons se réfugient dans leur cachette isolée du froid et garnie de feuilles dans lesquelles ils s'enroulent et s'endorment en couple. Leur température tombe peu à peu jusqu'à atteindre la température ambiante. Pendant la longue période d'hibernation, qui dure d'octobre à mars, le hérisson ne se réveille qu'une fois tous les quinze jours. Il utilise l'énorme réserve de graisse accumulée pendant l'été : il avait doublé de volume !

En quête de nourriture

Le hérisson vit caché dans son nid pendant la journée et sort la nuit. Il regarde partout, fouille les buissons, renifle les trous. Il se nourrit de vers de terre, de limaces, de chenilles. Il mange également des hannetons, des œufs ou des oisillons, parfois des animaux morts. Il grignote des fruits, des baies et des graines. Il s'attaque aussi à des taupes ou à des vipères.

Le hérisson ne craint pas les crochets venimeux de la vipère. Il renifle le serpent et le traque jusqu'à sa cachette. La vipère, rarement victorieuse, est dévorée par le hérisson.

LE HÉRISSON NOUVEAU-NÉ

À la naissance, les piquants du hérisson sont encore sous la peau. Ils apparaissent après quelques heures. Les yeux et les oreilles sont clos et ne s'ouvrent qu'au bout de deux semaines. Le hérisson nouveau-né est vulnérable car il ne sait pas encore se mettre en boule. Il se défend en se redressant pour piquer le museau de son prédateur.

L'ESCARGOT

L'escargot est un mollusque, c'est-à-dire un animal à corps mou. Il est protégé par une coquille solide, au fond de laquelle il se réfugie. Pour rester souple, il a besoin d'humidité. Il sort après la pluie et évite le soleil qui le dessèche. L'escargot est guidé par son odorat et par sa paire de petits tentacules très sensibles au toucher. Ses yeux, placés au bout de ses grands tentacules, voient mal. L'escargot est un gastéropode, ce qui signifie que sa tête est le prolongement de son pied qui, en se contractant, lui permet d'avancer, lentement mais sûrement !

La coquille

L'escargot ne mue pas car il agrandit sa coquille en sécrétant du mucus, qui durcit en séchant. Elle s'enroule en spirale et abrite ses poumons, ses intestins et son cœur. Elle le protège des intempéries et des prédateurs que sont les mammifères et les oiseaux. L'escargot dort et hiberne à l'intérieur de sa coquille.

L'escargot des jardins a une jolie coquille jaune vif au liseré noir. Il est peu apprécié des gourmets.

Après le passage d'un escargot sur une feuille, on aperçoit une trace brillante. L'escargot produit du mucus sur lequel il glisse, protégeant ainsi son corps des aspérités des surfaces qu'il traverse. Il peut même ramper sur une lame de rasoir sans se blesser !

Ennemi des potagers

En avril, après une longue hibernation, l'escargot amaigri est la plaie des potagers, où il trouve toutes sortes de végétaux dont il est friand : laitue, menthe... Sa bave ramollit les feuilles trop dures et, dans sa bouche, il a une râpe constituée de milliers de dents infiniment petites mais très efficaces !

LA REPRODUCTION

L'escargot est hermaphrodite. Ce mot signifie qu'il est à la fois mâle et femelle. Il a cependant besoin d'un partenaire pour se reproduire. Lorsque les deux escargots se rencontrent, ils entreprennent une parade nuptiale : ils se flairent, se caressent, se mordillent.

L'escargot de Bourgogne, dit gros blanc, est très prisé pour la finesse de sa chair. Sa coquille de couleur fauve s'éclaircit avec les années.

La peau de l'escargot chagriné est grise et lui donne son surnom : le petit gris. Il grandit très vite et se consomme dès la première année.

Un grand sensible

Certains facteurs climatiques modifient le comportement de l'escargot : trop d'eau lui fait craindre de gonfler, trop de soleil de sécher ; quand il fait trop chaud, il se déshydrate, et par temps froid, il meurt. Dans tous les cas, son réflexe est de se retirer dans sa coquille.

Une longue hibernation

Quand arrive la fin du mois de septembre, l'escargot s'enfonce dans la terre ou se cache dans un mur ou sous un buisson. Il se rétracte au fond de sa coquille et, pour la fermer, fabrique une solide membrane de mucus. Il se rétracte encore et produit une seconde membrane afin de mieux s'isoler du froid. Il est prêt pour une longue nuit de six mois.

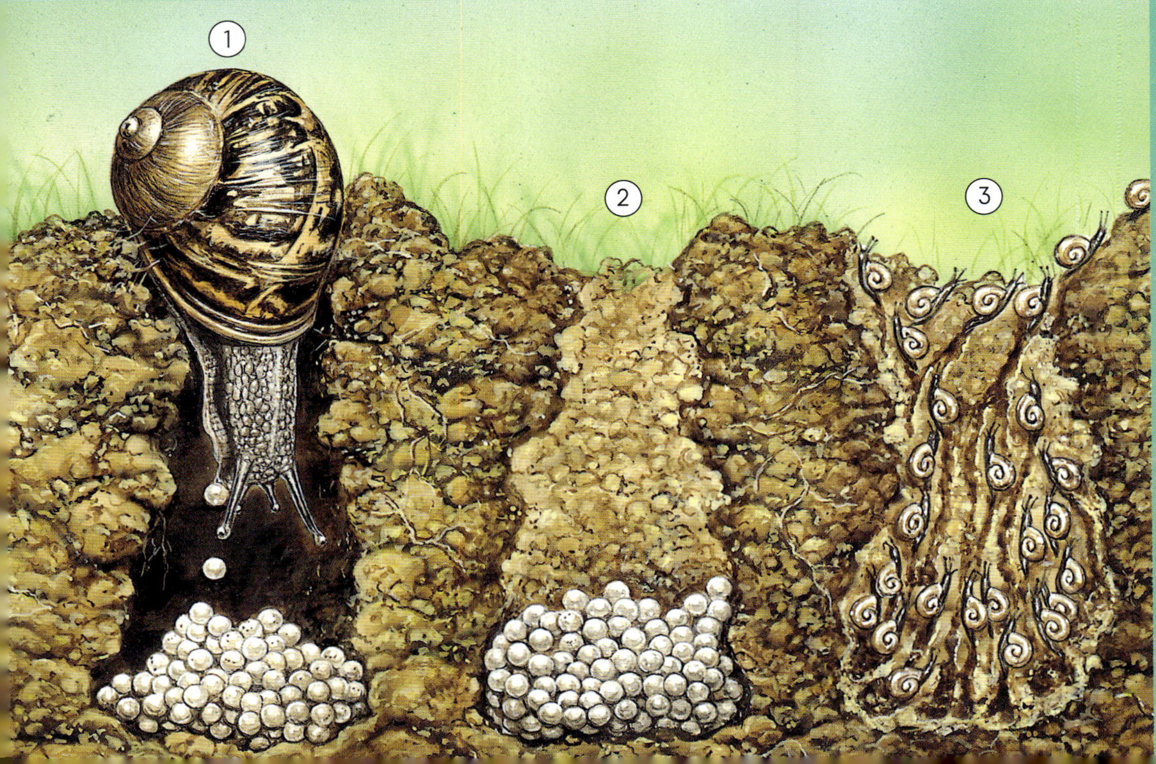

La ponte

① L'escargot creuse dans le sol un trou de 5 à 10 cm de profondeur et y dépose une cinquantaine d'œufs blancs.

L'incubation

② L'escargot recouvre ses œufs de terre, aplatit le sol et les abandonne à leur sort. Trois semaines après, les petits sortent de leur œuf, rampent et remontent à la surface.

Des petits translucides

③ La coquille des petits est fine et jaune, leur peau grise et claire. Ils sont extrêmement fragiles car très sensibles à la lumière. Ils ne sortent que la nuit pour se nourrir.

LA GRENOUILLE

La grenouille, comme le crapaud, fait partie de la famille des amphibiens, ces animaux qui vivent à la fois sur terre et dans l'eau. Elle ne s'éloigne pas du milieu aquatique, alors que le crapaud préfère les endroits sombres et humides sur la terre ferme. La température de leur corps s'accorde à la température ambiante. Leur peau est sans poils ni écailles, lisse et humide chez la grenouille, rugueuse et sèche chez le crapaud. Elle respire en captant l'oxygène de l'eau. Ces animaux ont des pattes arrière démesurément longues et musclées.

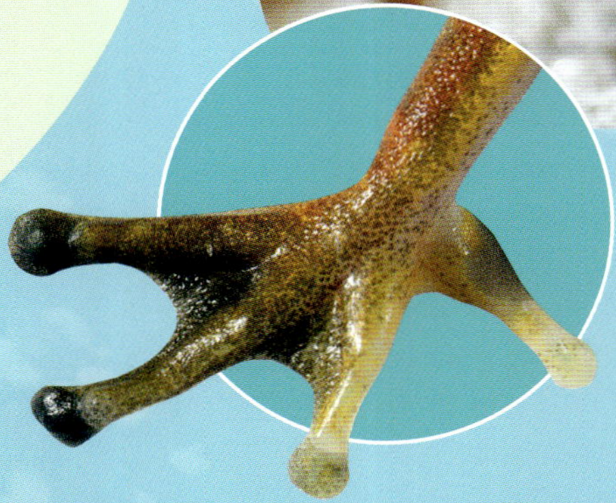

La grenouille a quatre doigts aux pattes avant et cinq aux pattes arrière, adaptés à son mode de vie. La rainette possède des coussinets qui adhèrent à l'écorce des arbres qu'elle escalade. Ses pattes palmées à l'arrière améliorent sa nage.

Un chant charmeur

Pendant la saison des amours, le mâle appelle la femelle par des chants. Chez certains, la vibration des cordes vocales résonne dans une petite poche, appelée sac vocal, qui se trouve sous la gorge ou derrière les mâchoires. Les grenouilles poussent aussi des cris lorsqu'il va pleuvoir ou lorsqu'il y a du danger. On dit alors qu'elles coassent.

Les chants sont différents selon les espèces. Ainsi, une femelle trouve facilement le partenaire qui lui faut !

Une langue pour chasser

La grenouille est carnivore et senourrit surtout d'insectes. Elle attend patiemment que l'un d'eux passe devant elle et saute bouche ouverte. Elle peut aussi utiliser sa langue collante pour le capter. Quand elle ferme les yeux, les globes oculaires de la grenouille s'enfoncent dans sa bouche et poussent jusqu'à l'estomac la proie qu'elle vient d'attraper vivante et qu'elle avale tout rond. Ayant une grande bouche, la grenouille peut consommer de grosses proies qui la nourrissent pour plusieurs jours.

Le crapaud commun a la peau couverte de verrues. Il assomme ses proies avec sa langue.

Toujours plus haut, toujours plus loin

La grenouille se déplace en sautillant, alors que le crapaud marche. Quand elle sent le danger, elle déploie ses pattes arrière et plonge dans l'eau, tête la première. Elle saute pour grimper aux arbres ou pour attraper un insecte. Certaines grenouilles peuvent faire des bonds de plus de 2 m. Les unes se camouflent en changeant de couleur ; d'autres, au contraire, arborent des couleurs vives qui dissuadent les prédateurs de s'approcher car du venin s'échappe de la peau.

LA FÉCONDATION

(1) L'accouplement dure quelques heures ou plusieurs jours. Le mâle, agrippé au dos de la femelle, l'enserre étroitement sous ses pattes avant. Il féconde les œufs au fur et à mesure qu'elle les pond par milliers.

(2) Les œufs, pondus en grappe ou en chapelet, sont dissimulés dans de l'écume, accrochés à des plantes aquatiques ou laissés à la dérive. Ils sont faits d'une matière gélatineuse qui nourrit la larve.

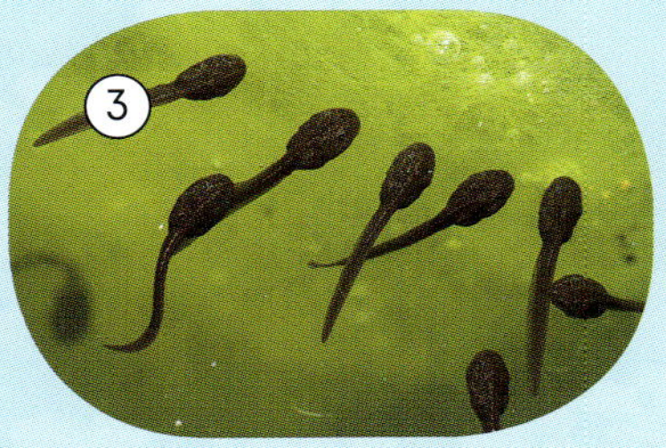

(3) Une fois l'œuf éclos, la larve, appelée têtard, se métamorphose pour devenir grenouille. Cela dure plus ou moins longtemps selon les espèces. Dans l'eau, les têtards respirent grâce à de petites branchies situées sur la tête.

(4) Herbivores, les têtards se nourrissent de micro-organismes en suspension dans l'eau ou de plantes raclées dans le fond. Les pattes arrière se forment en premier.

(5) Quand les pattes avant apparaissent, la queue diminue puis disparaît.

LA BELETTE

La belette est le plus petit des mammifères carnivores d'Europe. Son corps longiligne sur de petites pattes se termine par une tête allongée et un museau court. Ses oreilles rondes sont à peine visibles. Mince et souple, elle se faufile facilement dans les espaces étroits. Très agile, elle se déplace rapidement. C'est aussi une excellente grimpeuse. La belette est couverte d'un duvet chaud et dense et de poils longs et peu serrés. Son odorat développé lui permet de repérer une proie, un partenaire pour se reproduire ou le territoire d'une autre belette.

Mode de vie et habitat

Habitant les broussailles, les haies ou les fossés, la belette s'active aussi bien la nuit que le jour. Elle ne creuse pas de trous mais se faufile dans les galeries souterraines creusées par les rongeurs pour y trouver sa nourriture, faire son nid et se protéger au moindre danger. Ses principaux ennemis sont le renard, le chat sauvage et la fouine. Elle craint également les rapaces.

Livrée d'été, livrée d'hiver

Chez la belette, la démarcation entre les poils bruns de son dos et clairs de son ventre est sinueuse. Sa courte queue est uniformément brune. Dans les régions enneigées, ce pelage devient blanc, les poils du ventre restant clairs.

Une odeur repoussante

C'est avec un liquide huileux et fort malodorant qui s'échappe de son postérieur que la belette marque son territoire et repousse ses prédateurs.

De nombreux petits

La femelle met bas une ou deux portées par an de trois à neuf petits, qu'elle allaite pendant trois à six semaines. Ils naissent aveugles et n'ouvrent les yeux qu'à la quatrième semaine. Ils sortent du nid peu de temps après, apprennent à chasser et se dispersent rapidement.

À l'attaque

La belette repère sa proie à l'odeur et à la vue, la suit à la trace, puis bondit sur elle et la tue d'un violent coup de dents à la nuque. Elle la mange en commençant par la tête, se régale pendant une dizaine de minutes, se repose quelques heures, puis termine son repas. La belette mange essentiellement de petits rongeurs comme les campagnols. Quand elle en trouve peu, elle complète son repas avec des oiseaux, des œufs, des reptiles et des fruits.

L'HERMINE

Très semblable à la belette, l'hermine se distingue par sa taille légèrement plus importante et la ligne de partage nette entre le pelage brun de son dos et celui, blanc, de son ventre. Le bout de sa longue queue est noir et le reste même en hiver, quand elle prend son pelage blanc pour mieux se dissimuler dans la neige. Elle vit dans les régions froides et apprécie le bord des rivières et des étangs. Elle ne met bas qu'une portée de petits dans l'année.

LES PETITS MAMMIFÈRES

Les petits mammifères qui vivent à l'abri des hautes herbes sont difficiles à apercevoir car ils s'activent plus librement à la nuit tombée. Les rongeurs, qui se reproduisent vite, sont très nombreux. Mais leurs multiples prédateurs rétablissent l'équilibre naturel. Ils usent leurs deux paires d'incisives, qui poussent sans arrêt, en grignotant ou en les frottant. La plupart d'entre eux hibernent pendant plusieurs mois. La musaraigne n'est pas un rongeur mais un insectivore.

Le campagnol creuse des terriers et des galeries sous les végétaux afin d'en manger les racines. Il les écrase avec ses molaires, dont la croissance est continue.

Le campagnol des champs

Ce petit rongeur, au corps ramassé, vit dans les milieux herbacés en importante colonie. Il se nourrit en surface de graines, de baies et de la partie verte des plantes.

Le rat des moissons

Ce tout petit rongeur de 5 cm, sans doute le plus menu d'Europe, grimpe aisément au sommet des hautes herbes. Il s'aide avec sa queue légèrement préhensile, qu'il enroule autour des tiges et utilise comme une patte supplémentaire. Le rat des moissons mange beaucoup de graines de céréales. Il se nourrit aussi de baies, d'insectes et d'araignées.

Tout en faisant mille acrobaties, le rat des moissons construit un nid en boule à 1 m du sol avec des brins d'herbe. En revanche, en hiver, il s'abrite en creusant son nid dans le sol.

Le mulot

On le confondrait avec la souris s'il n'avait un pelage blanchâtre sur le ventre, de grandes oreilles et des yeux globuleux. Il fait des sauts prodigieux pour échapper à ses prédateurs. Au sol, il construit un logis avec deux ouvertures. L'entrée est à la verticale, la sortie en biais.

Le mulot cherche dans les arbres œufs et fruits, qu'il entasse à proximité de son nid en prévision de l'hiver, ou qu'il cache sous une souche pour les manger tranquillement à l'abri des rapaces.

LA MUSARAIGNE

Elle ressemble à une souris mais n'appartient pas à la famille des rongeurs. En effet, ses dents pointues prouvent son appartenance au groupe des insectivores. Cette denture lui permet de percer facilement la carapace de ses proies. Cet animal vorace ingurgite son propre poids de nourriture dans une journée. De plus, elle défend avec agressivité son domaine vital. Elle couine jour et nuit.

La souris

La souris vit partout, sauf aux pôles ! Elle s'adapte facilement à tous les milieux, notamment aux habitations humaines ! Elle se reproduit très vite et beaucoup, et elle se nourrit de tout.

LE LIÈVRE ET LE LAPIN

Tous deux font partie de la même catégorie animale : ils ressemblent aux rongeurs par leurs incisives qui poussent continuellement, mais s'en distinguent à cause d'une paire supplémentaire. Ce sont des mammifères de taille moyenne, herbivores, aux grandes oreilles et aux yeux globuleux. Leurs pattes postérieures sont longues et musclées. Le lièvre, plus gros, vit seul et à la surface, alors que le lapin vit en colonies, dans un réseau de galeries et de chambres souterraines appelé garenne.

Lièvre d'Europe

TAILLÉ POUR LA COURSE

Le lapin et le lièvre ont des pattes postérieures plus longues que les antérieures, ce qui les propulse en avant pendant la course. Les doigts velus de leurs pattes empêchent les glissades. Alors qu'au moindre danger le lapin s'enfuit dans son terrier, le lièvre, rapide et rusé, s'échappe en courant jusqu'à 70 km/h pour distancer son prédateur et change souvent et brutalement de direction pour le déstabiliser.

Grâce à de grandes oreilles en forme de cornet, lapin et lièvre ont une ouïe excellente. Leurs yeux placés très haut sur leur crâne voient quasiment à 360 degrés.

Une grande famille

Lapins et lièvres sont très prolifiques. La hase, lièvre femelle, a quatre portées par an. Les levrauts voient à la naissance et deviennent vite autonomes, alors que les lapereaux naissent aveugles au fond du terrier où la femelle a préparé un nid douillet. Elle s'en occupe pendant six mois !

Un grand amoureux

Quand arrive la saison des amours, au printemps et parfois même avant, les lièvres mâles, appelés bouquins, entament d'étranges ballets le soir venu. Ils se livrent en fait de violents combats afin de conquérir une femelle. Ils se mettent a courir dans tous les sens, à faire des bonds, donnant des coups de leurs pattes antérieures et postérieures. Des touffes de poils volent, des queues sont arrachées. Ces combats peuvent durer toute la nuit Les bouquins, surpris par le lever du soleil, doivent se dissimuler dans les champs, loin de leur gîte.

La lapine rassemble brindilles, mousses et poils qu'elle arrache de son ventre pour faire un nid confortable. Elle obstrue l'accès de cette chambre chaque fois qu'elle s'absente et le débouche quand elle revient allaiter ses petits.

Un labyrinthe

Le lapin de garenne creuse, jusqu'à 1 m de profondeur, un réseau compliqué de longues et étroites galeries reliant de nombreuses chambres. Les différentes entrées s'appellent des gueules. Les couloirs qui joignent un nouveau terrier à un étage du terrier initial sont des cheminées. Le lapin de garenne aménage également des terriers de secours plus simples.

Cette hase arctique donne la tétée aux deux ou quatre levrauts de sa portée. Au bout de douze jours, ils mangent de l'herbe.

Manger pour vivre

Le lièvre vit en surface et dort dans un gîte qu'il s'est aménagé en creusant un trou peu profond dans le sol. Il y reste tapi toute la journée et s'active à la nuit tombée, se nourrissant d'herbes et de plantes, de racines et d'écorces. De la même façon, le lapin vit la nuit et regagne son terrier à l'aube.

LA TAUPE

La taupe appartient à la classe des insectivores. Cependant, elle ne se nourrit pas seulement d'insectes, mais aussi de vers de terre et parfois de grenouilles. Elle vit dans le sol et en sort rarement. Alors qu'elle voit et qu'elle entend mal, son odorat est très développé : son long museau mobile est très sensible. Les poils de son pelage noir et dense se couchent dans tous les sens. De ce fait, ils ne la freinent pas. Elle avance et recule sans problème dans les étroites galeries qu'elle a creusées avec ses larges mains plates, aux ongles robustes.

Une solitaire

Le mâle et la femelle se croisent au printemps pour se reproduire. La gestation dure un mois, puis la femelle met bas trois ou quatre petits. Lorsqu'ils ont grandi, elle les chasse du nid et ne tolère aucun autre individu. Les taupes s'évitent grâce à l'odeur qu'elles laissent dans les galeries.

La championne des fouisseurs

La taupe est un animal fouisseur, c'est-à-dire qui s'enfouit dans le sol. Sa morphologie est adaptée à son habitat souterrain ; notamment ses pattes antérieures, toujours tournées vers l'arrière, comme des rames. Quand elle creuse une galerie, elle s'accroche au sol avec ses pattes arrière puis arrache la terre de ses deux mains en les rabattant l'une après l'autre vers l'arrière. Régulièrement, elle évacue la terre vers la surface par une cheminée et forme ainsi une taupinière.

Les petits naissent nus et aveugles. 35 jours plus tard, ils quittent le nid et gagnent la surface, à la recherche d'un endroit inoccupé.

Un vrai labyrinthe

La taupe vit essentiellement dans la terre, où elle se nourrit, se reproduit, se réfugie et dort. Elle n'en sort qu'à la recherche d'herbe et de feuilles pour tapisser son nid (1). À plus de 1 m de profondeur, elle creuse un système compliqué de chambres et de galeries. Les cheminées dirigées vers le haut servent à rejeter la terre (2). Les galeries qui aboutissent à l'air libre servent à fuir ou sont des pièges dans lesquels tombent des proies. Dans un garde-manger (3), la taupe entrepose des vers et des insectes qu'elle a paralysés en les mordant. Elle remplit ce garde-manger à l'automne.

Un gros appétit

La taupe dévore quotidiennement l'équivalent de son propre poids. Elle ne survit pas à un jeûne de plus de douze heures. Elle mange des vers de terre, des larves de scarabée, des insectes, parfois même une grenouille ou une souris tombée dans son tunnel. C'est en circulant dans ses galeries que la taupe trouve sa nourriture. Soit le milieu naturel qu'elle habite est riche, elle y trouve vite sa nourriture et se contente de courtes galeries, soit le milieu est rocailleux et pauvre et l'oblige à étendre son réseau.

LES LÉZARDS

Les lézards sont des reptiles à la peau recouverte d'écailles. Animaux à sang froid, ils ont besoin de l'énergie solaire pour maintenir la température de leur corps. C'est pourquoi ils délaissent les régions trop froides du globe. Il en existe de nombreuses espèces ; certaines sont venimeuses et la plupart pondent des œufs. Le plus long des lézards mesure 4 m. Les plus courants en Europe mesurent 20 ou 30 cm. Les lézards se nourrissent d'insectes, de vers et de larves. Leurs principaux prédateurs sont la taupe, le hérisson et la chouette.

Une vie tranquille

Dans les régions au climat tempéré, les lézards sont inquiétants mais pourtant inoffensifs et bien peureux ! Pendant l'été, ils se réchauffent au soleil et, durant l'hiver, ils s'endorment dans un trou.

UN ORVET

L'orvet est un lézard sans pattes. Il avance comme un serpent en faisant onduler son corps. À cause de ses couleurs pâles et de ses écailles transparentes, il est surnommé « le serpent de verre ». Les œufs se développent dans le corps de la femelle. Quelques secondes après avoir été expulsés, les petits déchirent la fine enveloppe de leur œuf.

Le lézard fait le beau

À la saison de la reproduction, le lézard vert prend des couleurs plus vives. Il se bat avec d'autres mâles et en garde des cicatrices toute sa vie. Pour s'accoupler avec la femelle, il l'attrape par la queue avec sa gueule puis se tortille jusqu'à pouvoir la maintenir en la mordant au ventre. Ensuite seulement, ils s'accouplent.

Le diable épineux

Il vit en Australie. Il est couvert de piquants et change de couleurs en fonction de l'endroit où il se trouve. Il ne se nourrit que de fourmis.

Le lézard pond des œufs

La femelle dépose ses œufs au fond d'un trou chaud et humide, à l'abri des prédateurs. Quelque temps après, elle les recouvre de terre et les abandonne. À la naissance, deux ou trois mois plus tard, les petits doivent se débrouiller seuls. Ils cassent leur propre coquille grâce à une dent spéciale. Beaucoup meurent avant d'être adultes.

Une queue qui repousse

Un lézard peut se séparer de sa queue coincée dans un rocher ou capturée par un prédateur. Celle-ci repousse. Cependant, elle n'atteint pas toujours sa longueur initiale ni ne retrouve sa première couleur. Ce procédé de régénération est fréquent dans la nature. C'est comme une cicatrisation.

LA COULEUVRE ET LA VIPÈRE

Les serpents chassent plutôt le jour, se nourrissant d'insectes et de petits mammifères. Les couleuvres d'Europe vivent en général dans les milieux humides. Elles ne sont pas venimeuses et étouffent leurs proies. Les vipères supportent les grosses chaleurs sèches. Elles sont dangereuses car leur venin peut être mortel. Elles possèdent à l'avant de la mâchoire une paire de dents en crochets. Au repos, les dents se replient contre le palais et, lors de la morsure, injectent le venin, comme une seringue.

La couleuvre en chasse

La longue et fine couleuvre est très agile. Elle poursuit avec rapidité rongeurs et grenouilles, se déplaçant sans difficulté dans l'herbe, les arbres ou l'eau. Elle vit généralement au bord des rivières et y nage souvent, capturant aussi des poissons. La couleuvre enserre sa proie pour l'étouffer sans briser ses os. Quand la température de son corps est trop basse, elle ne mange pas, car une digestion difficile pourrait entraîner sa mort.

La couleuvre à collier est rusée. Quand elle ne peut s'enfuir, elle fait mine d'être morte, tête renversée, gueule ouverte. Elle dégage en plus une odeur fort désagréable.

La vipère est ovovivipare

La majorité des serpents pondent des œufs. On les dit ovipares. Ils les abandonnent dans un milieu chaud et humide, à l'abri des prédateurs. Malgré cela, peu d'entre eux éclosent. La vipère, quant à elle, est ovovivipare. C'est-à-dire qu'elle pond des œufs, qu'elle garde à l'intérieur de son propre corps le temps de l'incubation. Quand elle les expulse, les petits n'ont plus qu'à déchirer une fine membrane. Ils sont venimeux dès la naissance.

La vipère péliade

La vipère à l'affût

La vipère se nourrit essentiellement de petits mammifères. Elle chasse à l'affût, c'est-à-dire qu'elle attend sa proie, car elle est trop peu rapide pour la poursuivre. Quand un animal passe à sa portée, elle le mord d'un coup fulgurant. L'animal s'enfuit mais meurt très vite, empoisonné. La vipère le suit tranquillement, guidée par son odorat et sa vue. Elle l'inspecte quelques instants avec sa langue, puis le mange en commençant toujours par la tête.

TÊTE À TÊTE

La tête de la couleuvre (à gauche) est allongée et ronde, ses écailles larges et plates. Les pupilles de ses yeux sont rondes. La tête de la vipère (à droite) est triangulaire et aplatie. Ses petites écailles dessinent un V. Ses pupilles sont fendues de haut en bas.

LES VERS

Les vers se caractérisent par un corps allongé, mou et sans squelette. Le lombric, ou ver de terre, est un ver annelé, en forme de tuyau, avec une tête, un tronc et une queue. Son corps, constitué d'anneaux, dits segments, renferme ses organes et il est couvert de soies, petits crochets qui lui permettent d'avancer. Le lombric vit dans la terre car il craint la lumière. Le ver blanc est la larve du hanneton, de la famille du scarabée. Il se développe dans le sol, à l'abri du froid ou de la chaleur. Il est très nuisible car il se nourrit des racines des plantes.

Un animal fouisseur

Le ver de terre est un animal fouisseur, c'est-à-dire qu'il s'enfonce dans le sol. Il s'y protège du soleil. Il se nourrit des végétaux en décomposition dans la terre. Il l'avale en très grande quantité, la digère et la rejette en petits tortillons.

Le lombric présente un bourrelet de chair sur le corps. C'est là qu'il fabrique le cocon où seront pondus les œufs. Il a aussi la particularité de se régénérer : chaque partie d'un ver de terre coupé en deux a la capacité de reconstituer la partie manquante, soit une queue, soit une tête.

Cette larve blanche est courbée et plissée avec une tache jaune sur la tête. Le ver blanc reste dans cet état pendant deux ans avant de se métamorphoser en hanneton.

Le ver blanc

En hiver, le ver blanc s'enfonce plus profondément dans la terre pour se protéger du froid et de l'humidité, et pendant ses périodes d'activité d'avril à novembre, il remonte vers les racines des végétaux qu'il grignote.

Le lombric sort de terre quand il pleut pour ne pas être noyé dans sa galerie. Il sort aussi la nuit pour manger des feuilles et de l'herbe.

Un invertébré

Le ver de terre, ou lombric, est un invertébré. Son rôle dans la nature est très important parce qu'il aère les sols en creusant des galeries et active la transformation des matières végétales en humus, qui est une terre noire et fertile, en les digérant.

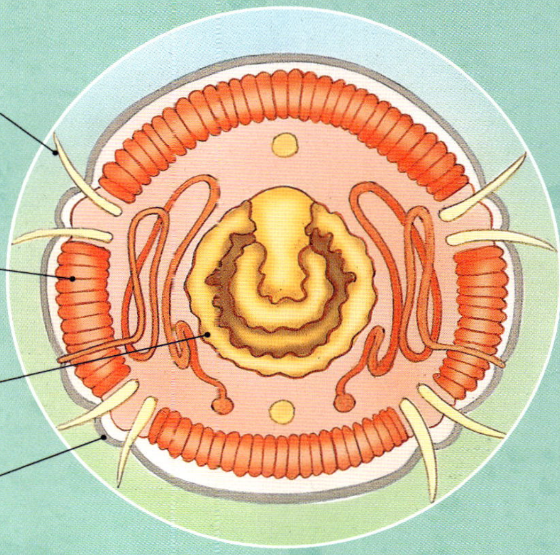

Coupe d'un ver de terre

LA CHAUVE-SOURIS

La chauve-souris est le seul mammifère volant, c'est-à-dire qu'elle bat des ailes et ne se contente pas de planer comme d'autres mammifères. Ses ailes forment une membrane de peau très fine, irriguée par des vaisseaux sanguins et innervée par des terminaisons nerveuses. Cette peau relie les pattes avant et les pattes arrière. La chauve-souris voit mal et, pour se diriger dans l'obscurité, elle emploie un judicieux système d'ultrasons appelé échocolocation.

DE LONGUES OREILLES

La chauve-souris grise à oreilles longues vit en Europe. Assez grande, elle a des oreilles longues et pliées. Elle chasse dans la forêt, souvent de jour, à la recherche de papillons de nuit.

L'hibernation

En automne, la chauve-souris fait ses réserves de graisses. Quand l'hiver approche, elle trouve moins d'insectes pour se nourrir et cherche alors un abri pour hiberner. En général, elle choisit une grotte où, avec des centaines d'autres chauves-souris, elle s'endort pendant six mois, accrochée à la paroi, suspendue par les pattes, la tête en bas.

La chasse nocturne

La chauve-souris sort à la fin du jour et part à la chasse aux insectes, qu'elle capture en plein vol. Ses longues canines retiennent les proies et ses molaires les broient. Certaines espèces ont entre les pattes arrière une membrane qui sert de filet pour piéger les insectes.

Bien à l'abri

Les chauves-souris dorment pendant la journée, regroupées dans une grotte ou un arbre creux. Elles y ont élu domicile pour l'année. Là, elles sont à l'abri du soleil, du froid et de l'humidité. Certaines chauves-souris replient leurs ailes, d'autres s'en enveloppent. Les griffes des orteils s'agrippent à la roche et s'y coincent. De cette façon, les chauves-souris n'ont pas besoin de fournir d'efforts pour rester accrochées. Même mortes, elles gardent cette position !

L'écholocation

La chauve-souris produit des ultrasons qui s'échappent par sa bouche, rebondissent sur les obstacles et reviennent à ses oreilles. Son cerveau est capable de les analyser pour estimer la nature de ces obstacles et la distance qui l'en sépare ; tout cela en une fraction de seconde.

TABLE DES MATIÈRES

57, rue Gaston Tessier, CS 50061, 75166 Paris Cedex 19
www.fleuruseditions.com
Direction : Guillaume Pô
Direction éditoriale : Sarah Malherbe
Conception de la collection : Émilie Beaumont et Jack Delaroche
Édition : Élodie Condé
Conception graphique : Éric Laurin sous la direction de création de Élisabeth Hébert
Direction artistique : Bleuenn Auffret
Graphisme : Julien Di Giorgio
Mise en page : Graph'M
Direction de fabrication : Thierry Dubus
Fabrication : Théo Lautric

Loi n° 49-956 du 16 juillet 1949 sur les publications destinées
à la jeunesse, modifiée par la Loi n° 2011-525 du 17 mai 2011.
Dépôt légal : mars 2022
3e édition - N° d'édition : J22077
ISBN : 978-2-2151-7958-0 • MDS : 132576N2
Achevé d'imprimer en février 2022 en Italie
Par LEGO S.p.A par l'intermédiaire d'Ercom

IMPRIM'VERT®

Certifié PEFC
Ce produit est issu de forêts gérées durablement et de sources contrôlées
PEFC
PEFC/18-31-280
www.pefc-france.org